Schnelle Gerichte

Mit nur 5 Zutaten

garant

Inhaltsverzeichnis

Vorwort

Wer jeden Tag frisch und lecker kochen möchte, hat's oft schwer: Häufig benötigt man hierfür viele Zutaten und steht bei der Zubereitung lange in der Küche. Aber es geht auch anders: Die schnelle 5-Zutaten-Küche gelingt fix und unkompliziert – und das ohne großen Einkauf und mit wenig Aufwand. Nach maximal 30 Minuten steht alles fertig auf dem Tisch. Sie benötigen nur eine Handvoll Zutaten sowie einige Basics, die Sie oftmals ohnehin schon im Vorratsschrank haben, um köstliche Suppen und Salate, Sandwiches, Snacks, Hauptgerichte und Desserts zuzubereiten. Die Zubereitung lässt sich hervorragend in den hektischen Alltag integrieren. Lebensmittel, die sich im Handumdrehen zubereiten lassen, und schnelle Zubereitungstechniken machen lange Garzeiten überflüssig. Und auch lange Wartezeiten entfallen.

In nur wenigen Minuten sind Sie fertig und können sich über abwechslungsreiche Mahlzeiten freuen. Wie wäre es z. B. mit einer sommerlich erfrischenden kalten Gurkensuppe, die ganz ohne langes Garen auskommt, oder einem Rührei-Bacon-Bagel aus der Mikrowelle? Mittags schüttelt man schnell eine Mais-Tomaten-Quesadilla aus dem Ärmel, abends gibt's dann One Pot Mac'n'Cheese oder schnelle Steaks mit Spargel. Für den spontanen Fernsehabend mit Freunden zaubert man in Windeseile herzhafte Käsebällchen oder Pizzaschnecken auf den Tisch. Und danach hat man im Nu eine leckere Nuss-Nugat-Mousse oder einen Bananen-Mug-Cake zubereitet.

Da sich die Arbeitsschritte stressfrei und oftmals auch parallel erledigen lassen, kommen nicht nur Vielbeschäftigte, sondern auch Kochanfänger auf ihre Kosten. Die Rezepte lassen sich nach Herzenslust abwandeln oder nach persönlichem Geschmack durch neue Aromen erweitern. So ist Abwechslung im Alltag garantiert. Probieren Sie's einfach aus! Denn wer beim Kochen Zeit spart, hat mehr Zeit zum Genießen!

Einleitung

In der Hektik des Alltags ist Zeit für viele Mangelware. Hier kommt das 5-Zutaten-Prinzip gerade recht. Mit nur wenigen Produkten und einfachen Kochtechniken zaubern Sie schnelle, aromatische Gerichte. So bereiten Sie leckere Mahlzeiten aus frischen Zutaten zu, die Sie nach eigenen Vorlieben oder Diätwünschen abwandeln können. Denn bei der schnellen 5-Zutaten-Küche gilt die Devise: „Wenig Zeit, aber viel Geschmack." Viele Zutaten sind dazu nicht nötig. Viel wichtiger sind gute Qualität und Frische. Jedes der hier vorgestellten Rezepte besteht aus maximal fünf Hauptzutaten, die die wesentliche Grundlage des Rezepts bilden. Hinzu kommen ergänzende Zutaten, die man oftmals ohnehin im Vorrats- oder Kühlschrank hat. Hierzu gehören z. B. Essig und Öl für Salate, Butter zum Braten oder zum Einfetten von Backformen oder Gewürze, die für die nötigen Aromen sorgen. Aber auch Kräuter zum Garnieren oder Samen und Kerne, mit denen Sie die Gerichte ganz nach Belieben geschmacklich und optisch aufpeppen können.

Vorteile des 5-Zutaten-Prinzips

Das 5-Zutaten-Konzept beweist, dass Kochen nicht kompliziert sein muss. Mit ein wenig Planung zaubern Sie im Nu ein schmackhaftes Wohlfühlessen auf den Tisch. Auch auf feine Desserts müssen Sie nicht verzichten und können sogar ganze Menüs planen. Die Rezepte sind einfach und übersichtlich. Damit können auch Kochanfänger schnelle, komplette Mahlzeiten kochen. Darüber hinaus sind viele Rezepte kostengünstig, denn der Einkauf beschränkt sich auf ein Minimum. Die schnellen und alltagstauglichen Rezepte eignen sich für alle, die wenig Zeit zum Kochen haben, aber Wert auf frische, selbst gekochte Gerichte legen. Auch wenn sich überraschend Besuch ansagt, ist das kein Grund zur Hektik. Der Ein-

kauf hält sich in Grenzen und die Besorgungen sind in wenigen Minuten erledigt, das Kochen geht fix und im Nu steht eine leckere Mahlzeit oder ein perfekter Snack plus Dessert auf dem Tisch.

Fertigprodukte: ja oder nein?

Wenn's mal schnell gehen muss, greift man oft zu Fertigprodukten. Doch darin verstecken sich oft Zusatzstoffe wie Geschmacksverstärker, Aromen und Emulgatoren. Einige davon stehen im Verdacht, Allergien auszulösen, Organe zu belasten oder sogar Krebs zu fördern. Viele Menschen möchten daher lieber auf stark verarbeitete Lebensmittel mit vielen Zusatzstoffen verzichten. Oftmals enthalten Fertigprodukte auch Transfette. Diese entstehen bei der Härtung von Fetten und erhöhen z. B. den Blutfettspiegel.
Doch Fertigprodukt ist nicht gleich Fertigprodukt. So gehören z. B. Tiefkühlkost wie gefrorenes Gemüse oder Fisch zwar zu den Fertigprodukten, in guter Qualität sind sie jedoch eine geeignete Alternative für die schnelle Küche. Sie sind gut haltbar und „küchenfertig", sodass die Zubereitung schneller von der Hand geht. Auch beim Vitamingehalt können Tiefkühlprodukte durchaus mit frischem Obst und Gemüse mithalten. Denn bevor frische Lebensmittel zu uns in den Supermarkt kommen, haben sie oft lange Wege hinter sich und während der Lagerung schon viele Vitamine verloren. Daher enthatlen TK-Produkte häufig mehr Vitamine als frische, die lange Transportwege hinter sich haben und dann vielleicht auch noch zu lange bei Zimmertemperatur oder im Kühlschrank gelagert wurden.
Auch Dosengemüse wird gleich nach der Ernte verarbeitet, sodass es frisch in die Dose kommt. Zugesetzt werden meist nur Wasser und etwas Salz oder Zucker. In der Regel wird es schonend verarbeitet und nur kurz blanchiert, sodass die meisten Vitamine weitgehend erhalten bleiben. Allerdings kommt es hier auf die Erhitzungsdauer an. Daher sollten Sie bei der Zubereitung darauf achten, das Gemüse nicht zu lange zu kochen. Wer also nicht frisches Gemüse aus der Region kauft und stattdessen zu importierten Produkten greifen muss, ist mit Konserven oft besser beraten.

Schnell und frisch gekocht

Besonders wenn man in Eile und die Zeit knapp ist, lockt der Gang zum Imbissstand oder ins Fast-Food-Restaurant. Dass diese Gerichte mit vielen Transfetten, Weißmehl und Zucker nicht gerade gesund sind, ist den meisten bekannt. Was genau drin ist, weiß man in der Regel auch nicht. Und auch der Genuss kommt häufig zu kurz, weil das Essen hastig verputzt oder im Gehen gegessen wird. Zudem ist man auf ein bestimmtes Angebot angewiesen, was die Auswahl einschränkt. Anders, wenn man selbst kocht: Bei der schnellen 5-Zutaten-Küche wissen Sie, was drin steckt, können bedenkliche Zusatzstoffe nach Wunsch vermeiden und die Rezepte an Ihren eigenen Geschmack und Ihre Ernährungsbedürfnisse anpassen. Je nach Lust und Laune können Sie mal gesund und leicht und mal deftig und sättigend kochen. Und das ganz ohne großen Zeitaufwand, hohe Kosten oder spezielle Kochkenntnisse.

Zutaten-Basics

Das Geheimnis der genussvollen 5-Zutaten-Küche sind gute Zutaten. Verwenden Sie daher möglichst qualitativ hochwertige, wenn möglich, unbehandelte Produkte. So erhalten Sie mit einem Minimum an Zutaten ein Maximum an Geschmack.
Zu den Basisprodukten zählen z. B. Nudeln und Reis, TK-Gemüse und Obst sowie Dosentomaten, Teig aus dem Kühlregal und qualitativ hochwertige Brühen und Fonds. Mit diesen Zutaten können Sie schnell und unkompliziert kochen, ohne auf Qualität und Geschmack verzichten zu müssen. Welche Zutaten Sie auf Vorrat kaufen können und was Sie am besten frisch kaufen, erfahren Sie im Folgenden.

Gewürze, Öle und Co.

Zu den Zutaten, die Sie immer im Vorratsschrank haben sollten, weil sie sich lange halten und immer wieder als ergänzende Zutaten benötigt werden, gehören z. B. verschiedene Sorten von Öl wie Olivenöl, Rapsöl oder Kokosöl, die zum Braten und für die Zubereitung von Salatdressings dienen. Auch einige Sorten von Essig (z. B. Weißweinessig, Apfelessig oder Balsamico) sollte man immer im Haus haben. Gleiches gilt für Gewürze wie Salz, Pfeffer, Paprikapulver, Kreuzkümmel, Currypulver und Cayennepfeffer. Weitere Gewürze können Sie je nach Bedarf hinzukaufen und im Vorratsschrank aufbewahren. Gut haltbar ist auch Pulver für Brühe oder Fond, das als Basis vieler Suppen dient. Würzsoßen wie Sojasoße, Tomatensoße und Pesto hingegen gehören in den Kühlschrank. Achten Sie jedoch darauf, dass sie je nach Art eine andere Haltbarkeit haben.
Wer gerne und oft backt, kann sich auch einen Vorrat an Mehl, Backpulver, Zucker anlegen. Je nach Bedarf kommen Nüsse und Kerne sowie Trockenfrüchte (z. B. Datteln, Feigen) hinzu, die sich ebenfalls gut im Vorratsschrank lagern lassen.

Getreideprodukte

Lang haltbare Getreideprodukte wie Nudeln, Couscous oder Reis können Sie gleich in größeren Mengen kaufen und bis zum nächsten Gebrauch im Vorratsschrank aufbewahren. Sie können für Beilagen ebenso verwendet werden wie für Hauptgerichte, lassen sich vielfältig variieren und sorgen so stets für Abwechslung.
Auch Tortilla-Wraps und Fladenbrote sind in der schnellen Küche sehr praktisch. Sie lassen sich wunderbar einfrieren und bei Bedarf schnell auftauen. Sie können

warm und kalt gefüllt werden und sind eine prima Sättigungsbeilage oder eignen sich, mit Gemüse und/oder Fleisch gefüllt, hervorragend als eigenständiges Gericht.

Tiefkühlprodukte und Konserven

Tiefkühl- und Dosengemüse sowie -obst eignen sich gut für die schnelle 5-Zutaten-Küche, denn sie sind „küchenfertig", sodass Sie sich die Zeit für das Waschen, Schälen und Schneiden sparen. Dazu gehören z. B. tiefgekühlte Früchte wie Beeren und Gemüse wie Erbsen, Bohnenkerne, Spinat. Wer Kräuter (z. B. Petersilie, Schnittlauch, Basilikum, Minze, Thymian) nicht selbst auf der Fensterbank kultiviert, kann sie auch gut tiefgefroren kaufen und bis zur Verwendung im Gefrierfach aufbewahren.

Häufig benötigte Lebensmittel, die man im Glas oder in der Dose kauft, sind z. B. passierte Tomaten, Hülsenfrüchte wie Kichererbsen oder Linsen, aber auch Mais, Oliven oder Sauerkraut. Auch Thunfisch in Öl oder im eigenen Saft lässt sich gut in der Dose lagern. Je nach Art und Konservierungsmethode sind Lebensmittelkonserven mehrere Monate haltbar. Dies gilt auch für Tiefkühlprodukte. Bei Bedarf einfach auftauen und verwenden. Achten Sie aber nach langer Lagerung auch hier darauf, ob die Lebensmittel noch genießbar sind. Einen Anhaltspunkt gibt das Mindesthaltbarkeitsdatum. Dies ist jedoch kein Verfallsdatum. Wenn Sie nicht sicher sind, ob ein Lebensmittel noch genießbar ist, prüfen Sie es daher anhand von Aussehen, Geruch und Geschmack.

Obst und Gemüse

Unverzichtbar in der 5-Zutaten-Küche ist frisches Obst und Gemüse. Sie ergänzen viele Hauptgerichte und dienen als gesunde Beilagen. Vor allem Gemüse mit kurzen Garzeiten ist in der schnellen Küche gefragt. Hierzu zählen Erbsen, Pilze, Tomaten, Paprika und Zucchini. Gemüse, das man beim Kochen immer wieder braucht, sind z. B. auch Zwiebeln, Knoblauch, Frühlingszwiebeln, Schalotten und Chilischoten. Auch Zitronen und Limetten, Tomaten und Gurken werden häufig benötigt und sollten möglichst frisch verwendet werden. Achten Sie dabei auf die richtige Aufbewahrung, denn nicht alles ist am besten im Kühlschrank aufgehoben. So ist es z. B. Zwiebeln im Kühlschrank zu feucht und auch der Geschmack von Tomaten leidet, wenn sie im Kühlschrank aufbewahrt werden. Daher sollten

sie lieber außerhalb des Kühlschranks aufbewahrt und möglichst bald nach dem Kauf verarbeitet werden.
Auch Obst sollte bald nach dem Einkauf verwendet werden. Praktisch für die schnelle Küche, da sie lange haltbar und vielseitig zu verwenden sind, sind z. B. Äpfel und Birnen. Sie können sie einfrieren, zu Kompott verarbeiten oder in Gläsern für Kuchen, Strudel und Füllungen haltbar machen. So ist das Obst nahezu unbegrenzt haltbar und kann jederzeit für die schnelle Küche verwendet werden. Auch Kräuter benötigen Sie immer wieder. Sie dienen als leckere Garnituren und peppen viele Gerichte auf. Sie können Sie entweder im Garten, auf dem Balkon oder auf der Fensterbank ziehen, denn die meisten lassen sich ganz leicht selbst anpflanzen. So bekommen Sie immer eine Extra-Portion Geschmack in Ihre Gerichte.

Eier und Milchprodukte

Eier und Milchprodukte wie z. B. Butter, Joghurt, Sahne und Frischkäse können zwar einige Tage im Kühlschrank aufbewahrt werden, länger sind sie jedoch nicht haltbar. Daher sollten sie möglichst frisch gekauft und verarbeitet werden. Mittlerweile gibt es auch vegane Milchprodukte als Alternative zu Tiermilchprodukten, z. B. veganen Joghurt und Quark, vegane Butter und vegane Sahne. Auch pflanzliche Crème fraîche ist in einigen Supermärkten erhältlich.
Auch Käse ist essenziell für die schnelle Küche. An den Käsetheken finden Sie eine große Auswahl, sodass Sie hier immer wieder neue Geschmacksrichtungen probieren können. Neben Hart- und Schnittkäse gibt es Frischkäse, Weichkäse, Schmelzkäse und körnigen Frischkäse. Die ideale Lagerung hängt immer von der Käsesorte ab, zudem gibt es Unterschiede zwischen verpacktem und angeschnittenem Käse von der Käsetheke. Grundsätzlich gilt: Je niedriger der Wassergehalt eines Käses ist, desto haltbarer ist er. Emmentaler hält sich also deutlich länger als Camembert. Der beste Ort für die Lagerung ist der Kühlschrank, wobei die verschiedenen Käsesorten am besten getrennt aufbewahrt werden. So behalten sie ihr einzigartiges Aroma.

Fleisch und Fisch

Steaks eignen sich hervorragend zum Kurzbraten und zählen deshalb zu den Stars der schnellen Küche. Das gilt auch für zarte Filet-, Lenden- oder Rückenstücke.

Fleisch lässt sich hervorragend einfrieren und ist bei Bedarf schnell zur Hand. Am besten nehmen Sie das Fleisch einen Tag vor der Zubereitung aus dem Gefrierfach und legen es in den Kühlschrank. So kann es langsam auftauen. Wenn es einmal schnell gehen muss, können Sie die gefrorenen Stücke in der geschlossenen Packung in einen Topf mit lauwarmem Wasser geben und so in ca. 10 bis 15 Minuten auftauen lassen. Qualitätseinbußen müssen Sie bei qualitativ hochwertigem Fleisch dabei nicht befürchten.
Auch Fisch und Garnelen stehen häufig auf der Einkaufsliste für die schnelle Küche. Achten Sie darauf, dass sie küchenfertig sind. So ersparen Sie sich z. B. das Ausnehmen, Entgräten und Entschuppen. Besonders praktisch sind z. B. gegarte Garnelen oder Räucherlachsscheiben, die sich schnell verwenden lassen. Fische lassen sich braten, pochieren, garen, frittieren, dünsten oder grillen. Durch die unterschiedlichen Zubereitungstechniken entstehen immer neue Variationsmöglichkeiten und die schnelle Küche bleibt abwechslungsreich.

Zeit sparen bei Einkauf und Zubereitung

Vorteil der 5-Zutaten-Küche ist es, dass Sie nicht viel benötigen, sodass Sie vielleicht gleich für mehrere Tage einkaufen können. Am besten geht dies, wenn Sie sich einen Überblick über Ihre Vorräte verschaffen: Was haben Sie vorrätig? Was sollte möglichst bald verbraucht werden? Was lässt sich noch gut auf Vorrat einkaufen, da es länger haltbar ist? Was müssen Sie noch frisch kaufen? Mit der richtigen Planung können Sie sich vielleicht den einen oder anderen Einkauf sparen.

Clever einkaufen

Praktisch für den Einkauf ist ein Wochenplan: Überlegen Sie, was Sie jeweils kochen möchten und machen Sie einmal in der Woche einen Großeinkauf. Denn ein Großeinkauf braucht weniger Zeit als viele kleine. Überprüfen Sie regelmäßig Ihre Vorräte und nehmen Sie lang haltbare Zutaten wie z. B. Essig, Öl und Gewürze gleich beim nächsten Einkauf mit. Wenn Ihnen erst bei der Zubereitung auffällt, dass etwas fehlt, müssen Sie noch mal extra zum Supermarkt und verlieren unnötig Zeit. Machen Sie sich am besten eine Liste und schreiben Sie Fehlendes gleich auf. So halten Sie Ihren Einkaufszettel und Ihre Vorräte immer aktuell. Ist Ihr nächster Gemüsemarkt weit entfernt von Ihnen, ist es vielleicht sogar eine Überlegung wert, sich eine Gemüsekiste liefern zu lassen. Auch das spart Ihnen zeitraubende Einkäufe.

Fix zubereitete Lebensmittel

Zu den fix zubereiteten Lebensmitteln gehören nicht nur TK- und Dosenlebensmittel, die vor der Zubereitung nicht mehr gewaschen, geschält und geschnitten werden müssen. Auch bei den frischen Lebensmitteln hilft ein cleverer Einkauf bei der späteren Zubereitung: So schälen Sie z. B. drei große Möhren schneller als mehrere kleine, und wenn Sie geriebenen Käse benötigen, können Sie diesen gleich fertig gerieben kaufen und sich so das Reiben ersparen.

Blätterteig oder Strudelteig gibt es fix und fertig im Kühlregal und auch frische Pasta und Gnocchi sind in wenigen Minuten gegart und schmecken wie selbst gemacht.

Übersicht beim Kochen

Auch bei der Zubereitung lässt sich Zeit sparen. Lesen Sie das Rezept in Ruhe durch und stellen Sie alle benötigten Zutaten, Töpfe, Geräte und Küchenhelfer bereit. So merken Sie auch schnell, welche Zubereitungsschritte Sie z. B. gleichzeitig erledigen können. Heizen Sie den Backofen rechtzeitig vor und denken Sie daran, benötigtes Wasser für Reis oder Nudeln als Erstes aufzukochen. Zutaten mit längeren Garzeiten stellen Sie zuerst auf den Herd. Wartezeiten füllen Sie mit den folgenden Rezeptschritten wie dem Putzen von Gemüse oder der Zubereitung von Dips. Wenn Sie zudem alles sinnvoll anordnen und benutzte Schüsseln etc. wegstellen, können Sie in Ruhe arbeiten und haben immer ausreichend Platz.
Kochen Sie auch öfter mal die doppelte Menge und frieren Sie die Hälfte ein. So haben Sie an besonders stressigen Tagen schnell eine fertige Mahlzeit auf dem Tisch. Auch bei vielen Zutaten lohnt es sich, doppelte Mengen zu kochen. So können Sie z. B. bei Reis einfach am Vorabend größere Mengen kochen und die „Reste" am nächsten Tag mit anderen Zutaten abwandeln bzw. aufpeppen, z. B. als Sushi-Burrito (siehe S. 96).

Nützliche Küchenhelfer

Keine Sorge, für die Rezepte in diesem Buch brauchen Sie keine teuren, hochkomplizierten Gerätschaften. Im Prinzip reichen ein Kühlschrank mit Tiefkühler, ein Herd mit Backofen, ein elektrisches Handrührgerät sowie ein Stabmixer oder Standmixer vollkommen aus. Töpfe, Backformen und Messer haben Sie sicher im Küchenschrank. Oftmals ist auch ein Wasserkocher vorhanden, der in der schnellen Küche gute Dienste leistet. Denn mit ihm lässt sich Wasser schneller zum Kochen bringen als in einem Topf mit Deckel.
Vielleicht haben Sie ja noch weitere zeitsparende Küchenutensilien. Wenn nicht, können Sie sich überlegen, ob Sie noch einige nützliche Helfer anschaffen möchten, die Ihnen die Arbeit erleichtern. Schneller als mit dem Messer schälen Sie z. B. mit einem Sparschäler und mit einem Blitzhacker hacken Sie im Handumdrehen Zwiebeln, raspeln Nüsse und schneiden Kräuter klein. Ebenso praktisch ist eine

Küchenmaschine, die Ihren Teig auf Knopfdruck knetet. Ist sie im Einsatz, können Sie in der Zwischenzeit andere Arbeitsschritte erledigen. Und mit einem Zestenreißer schneiden Sie in Windeseile kleine, feine Streifen von Orangen, Zitronen und Limonen, die sie z. B. für leckeres Gebäck oder Desserts benötigen.

Schnelle Kochmethoden

Besitzen Sie eine Mikrowelle? Prima! Denn die kann mehr als nur vorgekochtes Essen und Tiefkühlprodukte aufwärmen! Blitzschnell schmelzen Sie darin z. B. Schokolade und Honig und selbst Gemüse lässt sich darin schonend garen. Sogar ganze Mahlzeiten können Sie in der Mikrowelle zubereiten. Auch beim Kurzbraten auf dem Herd sparen Sie Zeit: Zarte Fleischstücke, Minutensteaks oder klein geschnittenes, nicht zu hartes Gemüse eignet sich perfekt für diese Kochmethode. Generell ist es praktisch, Fleisch und Gemüse möglichst klein zu schneiden, damit sie schneller durchgaren.

Wenn Sie zugleich Zeit und Abwasch sparen möchten, probieren Sie doch einmal die One-Pot-Methode aus! Hierbei kommen alle Zutaten gleichzeitig in den Topf und köcheln dann entspannt vor sich hin, ohne dass Sie dabei mit vielen Töpfen und Pfannen hantieren müssen. Alles wird in einem einzigen Topf zubereitet, sodass nach dem Essen nicht Berge von Abwasch auf Sie warten. Grundzutaten in der One-Pot-Küche sind Kartoffeln, Nudeln, Reis und Getreide. Couscous und Bulgur eignen sich ebenso gut. Diese Basiszutaten werden mit Gemüse, Fleisch oder Fisch sowie mit Kräutern kombiniert und in Gemüsebrühe, Milch, Sahne oder Tomatensoße gekocht. Das Schöne an dieser Kochmethode ist, dass Sie die Zutaten ganz nach eigenem Geschmack variieren können.

Auch im Backofen lassen sich manche Gerichte schnell zubereiten. Kleine Gebäckstücke – vor allem mit Fertigblätter- oder -strudelteig – brauchen meist nicht lang und mit der Grillfunktion können Sie Sandwiches und Co. blitzschnell überbacken. Auch hier haben Sie nicht so viel Abwasch, weil dabei meist nur ein Backblech oder eine Auflaufform schmutzig wird. Probieren Sie's einfach aus! Zahlreiche Anregungen zum schnellen Kochen finden Sie im nachfolgenden Rezeptteil.

Schnelle Suppen und Salate

Tomatensuppe
aus der Mikrowelle

Zutaten für 4 Portionen

1 Zwiebel

1 Knoblauchzehe

750 g Tomaten

200 ml Gemüsebrühe

200 g Sahne

außerdem:
1 EL Olivenöl, Salz, frisch gemahlener Pfeffer, gehackte Kräuter (z. B. Basilikum) zum Garnieren

Pro Portion: ca. 219 kcal, 4 g EW, 19 g F, 8 g KH
Zubereitung: ca. 30 Min.

1. Zwiebel und Knoblauch schälen und fein hacken. In ein mikrowellengeeignetes Gefäß geben, Olivenöl zufügen und in der Mikrowelle ca. 1–2 Minuten auf maximaler Stufe andünsten.

2. Tomaten waschen, halbieren, vom Stielansatz befreien und würfeln. Tomatenwürfel zufügen und zugedeckt ca. 8–10 Minuten auf maximaler Stufe dünsten.

3. Gefäß herausnehmen, Gemüse mit den Stabmixer pürieren und durch ein feines Sieb passieren. Gemüsebrühe und Sahne zugeben und unterrühren. Mit Salz und Pfeffer abschmecken und weitere ca. 2–3 Minuten auf maximaler Stufe erhitzen.

4. Tomatensuppe kräftig durchrühren, in Tassen füllen, mit Kräutern garnieren und heiß servieren. Dazu schmecken Crostini.

Zucchini-Kartoffel-Suppe

aus der Mikrowelle

Zutaten für 2 Portionen

300 g Zucchini

300 g Kartoffeln

500 ml Gemüsebrühe

100 g geriebener Käse

außerdem:
Salz, frisch gemahlener Pfeffer,
Kräuter oder Sprossen zum Garnieren

Pro Portion: ca. 328 kcal, 21 g EW, 16 g F, 27 g KH

Zubereitung: ca. 25 Min.

1. Zucchini und Kartoffeln putzen, schälen und in kleine Würfel schneiden. In ein mikrowellengeeignetes Gefäß geben und Gemüsebrühe zugießen.

2. Zugedeckt ca. 5 Minuten bei 1000 Watt in der Mikrowelle garen. Umrühren und weitere ca. 10 Minuten bei 600 Watt garen.

3. Suppe mit dem Stabmixer pürieren, Käse unterrühren und schmelzen lassen. Mit Salz und Pfeffer abschmecken.

4. In Suppenschälchen portionieren, mit gewaschenen, trocken getupften Kräutern oder Sprossen garnieren und heiß servieren.

Möhren-Süßkartoffel-Suppe

Zutaten für 2 Portionen

120 g Süßkartoffeln

300 g Möhren

1 Zwiebel

500 ml Milch

außerdem:
2 EL Olivenöl, 1 Prise Lebkuchengewürz, Salz, Cayennepfeffer, Croûtons und Sonnenblumenkerne zum Garnieren

Pro Portion: ca. 400 kcal, 11 g EW, 23 g F, 33 g KH
Zubereitung: ca. 30 Min.

1. Süßkartoffeln schälen und würfeln. Möhren putzen, schälen und ebenfalls würfeln. Zwiebel schälen und in Ringe schneiden. Öl in einem Topf erhitzen und Zwiebelringe darin hell andünsten.

2. Süßkartoffel- und Möhrenwürfel zugeben und Lebkuchengewürz zufügen. Kurz andünsten und Milch zugießen. Alles bei geringer Hitze ca. 15 Minuten weich köcheln lassen.

3. Suppe mit einem Stabmixer fein pürieren und mit Salz und Cayennepfeffer abschmecken. In Suppenschälchen verteilen und nach Belieben mit Croûtons und Sonnenblumenkernen garniert servieren.

Sommerliche
Gurken-Minze-Suppe

Zutaten für 8 Portionen

1,7 kg Salatgurken

1 Bund Minze

500 ml Gemüsefond

150 g Crème fraîche

außerdem:
3 EL Zitronensaft,
frisch gemahlener Pfeffer

Pro Portion: ca. 72 kcal, 1 g EW, 6 g F, 3 g KH
Zubereitung: ca. 20 Min.

1. Gurken waschen, ein Stück abschneiden, trocken tupfen, würfeln und zum Garnieren beiseitestellen. Restliche Gurken schälen und grob würfeln. Minze waschen, trocken schütteln und Blättchen abzupfen. Einige Minzeblättchen zum Garnieren beiseitestellen. Restliche Minzeblättchen grob hacken.

2. Gurkenstücke und gehackte Minze in einen Standmixer geben und mit etwas Gemüsefond pürieren. In eine Schüssel geben und restlichen Gemüsefond untermischen. Mit Zitronensaft und Pfeffer pikant abschmecken. Suppe und Gläser zum Servieren kalt stellen.

3. Crème fraîche in einer Schüssel cremig rühren und gut mit der Gurkensuppe vermischen. Suppe in die vorgekühlten Gläser geben und mit beiseitegestellten Gurkenwürfeln und Minzeblättchen garniert servieren.

Linsen-Tomaten-Salat

Zutaten für 4 Portionen

1 Dose Linsen

150 g Cocktailtomaten

1 Zwiebel

außerdem:
Salz, frisch gemahlener Pfeffer, Weißweinessig

Pro Portion: ca. 102 kcal, 8 g EW, 1 g F, 16 g KH
Zubereitung: ca. 10 Min.

1. Linsen in einem Sieb abspülen und abtropfen lassen. Tomaten waschen, halbieren und vom Stielansatz befreien. Zwiebel schälen und in Ringe schneiden.

2. Linsen in eine Schüssel geben und vorsichtig mit Tomaten und Zwiebelringen vermischen. Mit Salz, Pfeffer und Weißweinessig abschmecken und servieren.

Der Salat lässt sich nach Herzenslust variieren, z. B. indem man statt Essig ein Essig-Öl-Dressing verwendet, das man nach Belieben mit frischer Kresse und einer gepressten Knoblauchzehe verfeinern kann. Dazu schmeckt frisches Brot mit Kräuterbutter.

Edamame-Salat

Zutaten für 4 Portionen

1 kg Edamame (TK-Produkt)

1 Bund Koriander

außerdem:
Salz, 2–3 EL weiße Misopaste, 1 TL Zucker, 2 EL Reisessig, Sojasoße, frisch gemahlener Pfeffer

Pro Portion: ca. 381 kcal, 32 g EW, 14 g F, 39 g KH
Zubereitung: ca. 20 Min.

1. Ausreichend Salzwasser in einem Topf zum Kochen bringen. Edamame darin ca. 3–4 Minuten garen, in ein Sieb abgießen, kalt abspülen und abtropfen lassen. Koriander waschen und trocken schütteln. Blättchen abzupfen und grob hacken.

2. Misopaste in eine Schüssel geben und mit Zucker, Essig und 4–5 Esslöffel warmem Wasser verrühren. Mit etwas Sojasoße, Salz und Pfeffer abschmecken.

3. Edamame in eine Schüssel geben und mit Koriander vermischen. Dressing zugeben und alles gut vermischen. Nochmals abschmecken und in Salatschälchen angerichtet servieren.

Spinatsalat
mit Erdbeeren und Hähnchen

Zutaten für 4 Portionen

100 g Babyspinat

200 g Erdbeeren

1 Avocado

4 gegarte Hähnchen-brüste

außerdem:
1 EL Balsamico, 1 TL Honig,
3 EL Olivenöl, Salz,
frisch gemahlener Pfeffer

Pro Portion: ca. 375 kcal, 35 g EW, 21 g F, 12 g KH
Zubereitung: ca. 15 Min.

1. Spinat waschen und trocken schleudern. Erdbeeren waschen, putzen, trocken tupfen und halbieren oder vierteln. Avocado halbieren und entkernen.

2. Fruchtfleisch mit einem Löffel entnehmen und in Streifen schneiden. Hähnchenbrüste in mundgerechte Stücke schneiden. Alles in eine Schüssel geben und vermischen.

3. Balsamico in eine Schüssel geben und mit Honig verrühren. Öl unter Rühren langsam zugießen. Mit Salz und Pfeffer abschmecken.

4. Dressing kurz vor dem Servieren über den Salat geben und Salat auf Tellern oder in Schälchen angerichtet servieren.

Quinoa-Salat
mit Mango und Avocado

Zutaten für 2 Portionen

120 g Quinoa

1 rote Chilischote

1 Mango

1 Avocado

außerdem:
Salz, 2 EL Zitronensaft und etwas abgeriebene Schale von 1 unbehandelten Zitrone, 1 ½ EL Olivenöl, frisch gemahlener Pfeffer, Basilikum zum Garnieren

Pro Portion: ca. 590 kcal, 11 g EW, 33 g F, 63 g KH
Zubereitung: ca. 25 Min.

1. Quinoa in ein Sieb geben und unter fließendem Wasser gründlich waschen. Nach Packungsanweisung in einem Topf mit ausreichend Salzwasser garen. Chilischote waschen, halbieren, entkernen und klein schneiden. Mango schälen, entkernen und Fruchtfleisch würfeln. Avocado halbieren und entkernen. Fruchtfleisch mit einem Löffel entnehmen und würfeln.

2. Quinoa in eine Schüssel geben und mit Chili, Mango und Avocado vermischen. Zitronensaft und -schale, Olivenöl sowie etwas Salz und Pfeffer in einer weiteren Schüssel verrühren und mit dem Salat vermischen.

3. Basilikum waschen, trocken schütteln und Blättchen abzupfen. Quinoasalat auf Tellern oder in Salatschüsseln anrichten und mit Basilikum garniert servieren.

Wassermelonen-Gurken-Salat

Zutaten für 4 Portionen

½ große Wassermelone

1 Salatgurke

1 rote Zwiebel

1 Pck. Feta

außerdem:
5 EL Balsamico, 2 EL Öl, Salz,
frisch gemahlener Pfeffer, Minze zum Garnieren

Pro Portion: ca. 593 kcal, 15 g EW, 16 g F, 90 g KH
Zubereitung: ca. 15 Min.

1. Melone in Scheiben schneiden, Fruchtfleisch herauslösen, entkernen und in Würfel schneiden. Gurke waschen, entkernen und grob würfeln. Zwiebel schälen und fein hacken. Feta klein würfeln. Alles in eine große Schüssel geben und vermischen.

2. Balsamico, Öl sowie etwas Salz und Pfeffer in einer Schüssel verrühren und mit dem Salat mischen. Minze waschen, trocken schütteln und Blättchen abzupfen. Einige Blättchen zum Garnieren beiseitestellen, restliche Blättchen fein hacken und unter den Salat heben.

3. Salat in Schälchen anrichten und mit beiseitegestellten Minzeblättchen garniert servieren.

Warmer

Kichererbsensalat

Zutaten für 4 Portionen

1 Dose Kichererbsen

3 Knoblauchzehen

50 g Pinienkerne

geriebener Käse nach Belieben

außerdem:
4 EL Olivenöl, 2 EL Kreuzkümmel, Saft von ½ Zitrone, Salz, frisch gemahlener Pfeffer, 3 EL gehackte Kräuter (z. B. Petersilie, Koriander)

Pro Portion: ca. 328 kcal, 8 g EW, 25 g F, 14 g KH

Zubereitung: ca. 30 Min.

1. Kichererbsen in einem Sieb mit kaltem Wasser abspülen und abtropfen lassen. Knoblauch schälen und fein hacken. Etwas Öl in einer Pfanne erhitzen und Knoblauch und Kreuzkümmel darin ca. 20–30 Sekunden unter Rühren hell anrösten. Kichererbsen zugeben und unterrühren. Zugedeckt bei geringer Hitze ca. 15–20 Minuten garen. Dabei gelegentlich umrühren. Pinienkerne in einer Pfanne ohne Fett anrösten.

2. Hälfte der Kichererbsenmischung aus der Pfanne nehmen und beiseitestellen. Restliche Kichererbsen mit einem Stabmixer grob pürieren. Beiseitegestellte Mischung und Pinienkerne unterrühren.

3. Restliches Öl und Zitronensaft zugeben und unterrühren. Salat mit Salz und Pfeffer abschmecken. Gehackte Kräuter und nach Belieben geriebenen Käse unterrühren. Dazu schmeckt Naan-Brot.

Sandwiches und Co.

Gebackenes Ei
im Brötchen

Zutaten für 4 Portionen

4 große Brötchen

4 Eier

außerdem:
4 TL Butter, Salz, frisch gemahlener bunter Pfeffer, 2 TL gehackte Petersilie

Pro Portion: ca. 287 kcal, 10 g EW, 18 g F, 21 g KH
Zubereitung: ca. 10 Min. + Backzeit ca. 15 Min.

1. Backofen auf 220 °C (Umluft: 200 °C) vorheizen. Von den Brötchen einen Deckel abschneiden und innen bis auf einen ca. 1 Zentimeter breiten Rand aushöhlen. Innenseiten jeweils mit 1 Teelöffel Butter bestreichen.

2. Brötchen in eine mit Backpapier ausgelegte Auflaufform legen. Eier nacheinander aufschlagen und in die ausgehöhlten Brötchen gleiten lassen. Mit Salz und Pfeffer würzen. Deckel danebenlegen.

3. Im vorgeheizten Backofen ca. 12–15 Minuten backen. Herausnehmen, mit gehackter Petersilie bestreuen, Brötchendeckel daraufsetzen und servieren.

Rindfleisch-Sandwich

mit Paprika und Zwiebeln

Zutaten für 4 Portionen

500 g Rindfleisch (Hüfte oder Lende)

2 Zwiebeln

2 Paprikaschoten (rot und grün)

1 Schuss Cognac

4 Sesambrötchen

außerdem:
50 g Champignons nach Belieben, 3 EL Olivenöl, Salz, frisch gemahlener Pfeffer, gemahlener Kümmel

Pro Portion: ca. 410 kcal, 34 g EW, 13 g F, 37 g KH

Zubereitung: ca. 25 Min.

1. Rindfleisch in Streifen schneiden. Zwiebeln schälen und in Ringe schneiden. Paprikaschoten waschen, putzen und in dünne Streifen schneiden. Nach Belieben Champignons putzen und in Scheiben schneiden.

2. Öl in einer Pfanne erhitzen und Zwiebeln darin anrösten. Rindfleisch und Paprika zugeben und mitbraten. Mit Salz, Pfeffer und Kümmel würzen. Champignons zugeben und alles unter Rühren ca. 3–4 Minuten braten. Cognac unterrühren und alles nochmals mit Salz und Pfeffer abschmecken.

3. Brötchen halbieren. Je 1 Brötchenhälfte mit Fleisch und Gemüse belegen, andere Hälfte daraufsetzen und sofort servieren. Dazu passen Pommes frites.

Croissants
mit Lachs

Zutaten für 2 Portionen

2 Croissants

1 Handvoll Rauke

6 Scheiben Räucherlachs

2 TL Sahnemeerrettich

Pro Portion: ca. 448 kcal, 20 g EW, 29 g F, 27 g KH
Zubereitung: ca. 10 Min.

1. Croissants halbieren. Rauke waschen, trocken schütteln und auf den unteren Croissanthälften verteilen. Je 3 Lachsscheiben darauflegen.

2. Sahnemeerrettich glatt rühren und auf den oberen Croissanthälften verstreichen. Croissanthälften zusammensetzen, leicht andrücken und servieren.

Ein bisschen mehr Zeit? Dann lassen Sie doch mal den Sahnemeerrettich weg und servieren die Lachs-Croissants mit Rührei und Avocadospalten!

Pita
mit Paprika-Hummus

Zutaten für 2 Portionen

50 g Kichererbsen (aus der Dose)

½ rote Paprikaschote

2 Pita-Brote

außerdem:
1 EL Tahin, 1 TL Zitronensaft, Salz, frisch gemahlener Pfeffer, 1 Prise gemahlener Koriander, Basilikum und Pinienkerne zum Garnieren

Pro Portion: ca. 284 kcal, 11 g EW, 7 g F, 41 g KH
Zubereitung: ca. 15 Min.

1. Kichererbsen in einem Sieb abspülen und abtropfen lassen. Paprika waschen, putzen und klein schneiden.

2. Kichererbsen und Paprika in einen Standmixer geben, Tahin und Zitronensaft zufügen und alles fein pürieren. Paprika-Hummus mit Salz, Pfeffer und Koriander abschmecken.

3. Basilikum waschen, trocken schütteln und Blättchen abzupfen. Pita mit Hummus auf Tellern anrichten und mit Basilikum und Pinienkernen garniert servieren.

Camembert-Birnen-Brote

Zutaten für 4 Portionen

2 kleine Birnen

4 Scheiben Brot

200 g Camembert

1 Handvoll Walnüsse

4 TL Honig

außerdem:
1 EL Butter, Salz, frisch gemahlener Pfeffer

Pro Portion: ca. 390 kcal, 13 g EW, 22 g F, 34 g KH
Zubereitung: ca. 15 Min. + Backzeit ca. 10 Min.

1. Backofen auf 200 °C (Umluft: 180 °C) vorheizen. Birnen waschen, halbieren, Kerngehäuse entfernen und Birnen in dünne Scheiben schneiden. Butter in einer Pfanne erhitzen und Birnenscheiben darin bei mittlerer Hitze ca. 5 Minuten braten. Mit Salz und Pfeffer würzen.

2. Brotscheiben auf den Backrost geben und ca. 5 Minuten im vorgeheizten Backofen rösten. Herausnehmen und Birnenscheiben darauflegen.

3. Camembert in Scheiben schneiden und auf den Broten verteilen. Im vorgeheizten Backofen weitere ca. 5 Minuten backen, bis der Käse geschmolzen ist.

4. Walnüsse grob hacken. Brote aus dem Backofen nehmen, mit je 1 Teelöffel Honig beträufeln und mit Walnüssen bestreut servieren.

Rührei-Bacon-Bagels

Zutaten für 2 Portionen

8 Scheiben Frühstücksspeck

4 Eier

8 EL Milch

2 Bagels

außerdem:
Salz, frisch gemahlener Pfeffer, etwas frisch geriebener Muskat, Paprikapulver, 2 TL Butter

Pro Portion: ca. 614 kcal, 29 g EW, 34 g F, 46 g KH
Zubereitung: ca. 20 Min.

1. Ein bis zwei Blätter Küchenpapier übereinander auf einen mikrowellengeeigneten Teller legen. Darauf die Speckscheiben so anordnen, dass sie sich nicht berühren. Speck mit einem Blatt Küchenpapier abdecken.

2. Frühstücksspeck in die Mikrowelle stellen und bei 600 Watt ca. 4 Minuten kross garen. Eier in einer Schüssel mit der Milch verschlagen und mit Salz, Pfeffer, Muskat und Paprika würzen. In ein mikrowellengeeignetes Gefäß geben und bei 440 Watt ca. 7 Minuten stocken lassen. Zwischendurch umrühren und mit einer Gabel zerpflücken.

3. Bagels aufschneiden und mit Butter bestreichen. Mit Speck und Rührei belegen und noch heiß servieren.

Grilled Cheese Sandwich

Zutaten für 2 Portionen

4 Scheiben Toastbrot

2 EL Butter

4 Scheiben Käse (z. B. Emmentaler, Cheddar)

Pro Portion: ca. 429 kcal, 14 g EW, 31 g F, 24 g KH

Zubereitung: ca. 10 Min.

1. 2 Toastscheiben mit Butter bestreichen. Mit der gebutterten Seite nach unten in eine heiße Pfanne legen. Käsescheiben auf die ungebutterte Seite legen.

2. Restliche Toastscheiben ebenfalls mit Butter bestreichen und mit ungebutterten Seite auf den Käse legen. Mit einem Pfannenwender gut festdrücken und Sandwich auf beiden Seiten goldbraun braten.

Das Grilled Cheese Sandwich ist ein Klassiker der nordamerikanischen Küche und wird gerne zu Tomatensuppe serviert.

Rote-Bete-Feta-Brote

Zutaten für 2 Portionen

2 vorgegarte Rote-Bete-Knollen

200 g Feta

2 Scheiben Schwarzbrot

außerdem:
1 Handvoll Rauke, Salz, frisch gemahlener Pfeffer

Pro Portion: ca. 390 kcal, 23 g EW, 20 g F, 26 g KH
Zubereitung: ca. 10 Min.

1. Rote Bete grob würfeln und Feta zerbröckeln. Rauke waschen und trocken schütteln. Schwarzbrot mit Roter Bete belegen.

2. Feta darauf verteilen und alles kräftig mit Salz und Pfeffer würzen. Mit Rauke garniert servieren.

Noch ein kleines bisschen schneller geht es, wenn man statt vorgegarter Roter Bete, die man erst würfeln muss, fertige Rote-Bete-Scheiben aus dem Glas verwendet. Die Scheiben dann einfach nur noch gut abtropfen lassen.

Putenbrust-Cranberry-Sandwich

Zutaten für 2 Portionen

300 g gegarte Putenbrust

1–2 Äpfel

6 Scheiben helles Vollkornbrot

2 EL Mayonnaise

2 EL Cranberrysoße

außerdem:
Salatblätter nach Belieben, Holzspieße

Pro Portion: ca. 712 kcal, 47 g EW, 20 g F, 79 g KH

Zubereitung: ca. 15 Min.

1. Putenbrust in mundgerechte Stücke schneiden. Äpfel waschen, halbieren, entkernen und in dünne Scheiben schneiden. Nach Belieben Salatblätter waschen und trocken schütteln.

2. Je 2 Scheiben Brot mit etwas Mayonnaise bestreichen. Salatblätter darauf verteilen. Mit etwas Putenbrust und einigen Apfelscheiben belegen und mit etwas Cranberrysoße beträufeln.

3. Mit je 1 Scheibe Brot bedecken, mit restlicher Mayonnaise bestreichen, Salatblätter, restliche Putenbrust und übrige Apfelscheiben darauflegen, restliche Cranberrysoße darübergeben und mit jeweils 1 Scheibe Brot bedecken. Sandwiches mit Holzspießen fixieren und servieren.

Garnelen-Gurken-Brote

Zutaten für 1 Portion

150 g Salatgurke

2 Scheiben Weißbrot

20 g Frischkäse oder Kräuterfrischkäse

100 g gegarte Garnelen

außerdem:
Salz, frisch gemahlener Pfeffer,
Koriander zum Garnieren

Pro Portion: ca. 346 kcal, 25 g EW, 7 g F, 43 g KH
Zubereitung: ca. 5 Min.

1. Gurke waschen, trocken tupfen und in Scheiben schneiden. Brote mit Frischkäse bestreichen und mit Gurkenscheiben belegen. Garnelen darauf verteilen. Mit Salz und Pfeffer würzen.

2. Koriander waschen, trocken schütteln und Blättchen abzupfen. Brote mit Koriander garniert servieren.

Die Brotscheiben können Sie auch kurz im Ofen anrösten und der Frischkäse lässt sich gut durch Guacamole ersetzen. Mit in Quadrate geschnittenen Toastscheiben wird aus dem Sandwich im Nu ein schnelles Kanapee.

Auberginen-Tomaten-Brote

Zutaten für 4 Portionen

1 kleine Aubergine

8 Cocktailtomaten

1 Knoblauchzehe

8 Scheiben Brot

außerdem:
3 EL Olivenöl, Salz, frisch gemahlener Pfeffer,
1 TL Balsamico, getrocknete Kräuter (z. B. Oregano),
Petersilie zum Garnieren

Pro Portion: ca. 463 kcal, 17 g EW, 15 g F, 56 g KH
Zubereitung: ca. 20 Min. + Backzeit ca. 4 Min.

1. Aubergine waschen, putzen, schälen und klein würfeln. 2 Esslöffel Öl in einer Pfanne erhitzen und Auberginenwürfel darin bei mittlerer Hitze ca. 6 Minuten anbraten. Dabei öfter umrühren. Mit Salz und Pfeffer abschmecken.

2. Backofen auf 220 °C (Umluft: 200 °C) vorheizen. Tomaten waschen, halbieren, vom Stielansatz befreien und vierteln. Knoblauch schälen und fein hacken. Tomaten und Knoblauch mit in die Pfanne geben und mit Auberginen, restlichem Öl und Balsamico vermischen. Mischung mit Salz, Pfeffer und getrockneten Kräutern abschmecken.

3. Brotscheiben halbieren und im vorgeheizten Backofen ca. 4 Minuten knusprig rösten. Petersilie waschen, trocken schütteln und Blättchen abzupfen. Brotscheiben herausnehmen und Gemüsemischung darauf verteilen. Mit Petersilie garniert servieren.

Champignon-Sandwich

Zutaten für 1 Portion

2 mittlere weiße Champignons

½ Frühlingszwiebel

1 Knoblauchzehe

2 Scheiben Toast

außerdem:
1 Zweig Thymian, 1 TL Öl, 1 Schuss Balsamico, Salz, frisch gemahlener Pfeffer, 2–3 TL Aioli

Pro Portion: ca. 440 kcal, 7 g EW, 30 g F, 32 g KH
Zubereitung: ca. 20 Min.

1. Champignons putzen und klein schneiden. Frühlingszwiebel waschen, putzen und in dünne Röllchen schneiden. Knoblauch schälen und fein hacken. Thymian waschen, trocken schütteln und Blättchen fein hacken.

2. Öl in einer Pfanne erhitzen und Knoblauch darin andünsten. Pilze zugeben und mitbraten. Frühlingszwiebel und Thymian ebenfalls zugeben und kurz mitdünsten. Mit Balsamico ablöschen und mit Salz und Pfeffer abschmecken. Aus der Pfanne nehmen und warm stellen.

3. Toast in der Pfanne jeweils auf einer Seite kurz anrösten. Herausnehmen und nicht angeröstete Seite mit Aioli bestreichen. Champignonmischung auf einer Toastscheibe verteilen, zweite Scheibe darauflegen, Sandwich halbieren und servieren.

Weißbrot
mit Erbsenguacamole

Zutaten für 4 Portionen

200 g Erbsen

2 Avocados

1 Knoblauchzehe

4 Scheiben Weißbrot

außerdem:
1 Spritzer Zitronensaft, Salz, frisch gemahlener Pfeffer

Pro Portion: ca. 339 kcal, 9 g EW, 20 g F, 37 g KH

Zubereitung: ca. 20 Min. + Backzeit ca. 8 Min.

1. Backofen auf 200 °C (Umluft: 180 °C) vorheizen. Erbsen schälen und mit einer Gabel zerdrücken. Avocados halbieren und entkernen. Fruchtfleisch mit einem Löffel entnehmen und mit einer Gabel fein zerdrücken. Erbsen und Avocados in einer Schüssel vermischen.

2. Knoblauch schälen, fein hacken und zur Erbsenguacamole geben. Zitronensaft zugeben, unterrühren und alles mit Salz und Pfeffer abschmecken. Je nach gewünschter Konsistenz nach Belieben mit einem Stabmixer pürieren.

3. Weißbrotscheiben im vorgeheizten Backofen ca. 6–8 Minuten anrösten. Herausnehmen und mit Erbsenguacamole servieren. Dazu schmecken hart gekochte Eier.

Crostini
mit Feigen und Zwiebel

Zutaten für 2 Portionen

½ Baguette

1 rote Zwiebel

2 Feigen

100 g Ziegenfrischkäse

außerdem:
2 EL Olivenöl, 1 Zweig Thymian,
1 Schuss Balsamico, 2 EL Honig

Pro Portion: ca. 570 kcal, 13 g EW, 24 g F, 60 g KH
Zubereitung: ca. 20 Min. + Backzeit ca. 8 Min.

1. Backofen auf 200 °C (Umluft: 180 °C) vorheizen. Baguette in Scheiben schneiden. Baguettescheiben nebeneinander auf ein mit Backpapier belegtes Backblech legen und mit etwas Olivenöl beträufeln. Zwiebel schälen und grob hacken. Thymian waschen, trocken schütteln und Blättchen fein hacken.

2. Baguettescheiben im vorgeheizten Backofen ca. 6–8 Minuten goldbraun rösten. Restliches Öl in einer Pfanne erhitzen und Zwiebel darin andünsten. Thymian und Balsamico zugeben und weitere ca. 3–5 Minuten garen. Feigen waschen, trocken tupfen und vierteln.

3. Zwiebelmischung auf den Brotscheiben verteilen. Feigen und Ziegenfrischkäse daraufgeben und Crostini mit Honig beträufelt servieren.

Fast Food, Fingerfood und Snacks

Fisch-Nuggets

Zutaten für 1 Portion

200 g Fischfilet (z. B. Seelachs oder Tilapia)

1 Ei

1 EL Mehl

2–3 EL Paniermehl

außerdem:
Salz, frisch gemahlener Pfeffer, 2 EL Öl

Pro Portion: ca. 589 kcal, 51 g EW, 24 g F, 44 g KH
Zubereitung: ca. 20 Min.

1. Fischfilet unter fließendem Wasser abspülen und trocken tupfen. Mit Salz und Pfeffer würzen und grob in Stücke schneiden. Ei in einem tiefen Teller verschlagen. Mehl und Paniermehl jeweils in separate Teller geben.

2. Fischstücke erst im Mehl, dann im Ei und danach im Paniermehl wenden und Panade andrücken. Öl in einer Pfanne erhitzen.

3. Fischstücke im heißen Öl bei mittlerer Hitze von allen Seiten ca. 6–8 Minuten anbraten und servieren. Dazu passen Mayonnaise und Baguette.

Hähnchen-Saté

mit Erdnusssoße

Zutaten für 4 Portionen

400 g Hähnchenbrustfilet

2 EL flüssiger Honig

2 EL Erdnussbutter

½ EL Sojasoße

1 TL Zucker

außerdem:
3 ½ EL Sesamöl, Salz, frisch gemahlener Pfeffer, Cayennepfeffer, 8 Holzspieße, ½ TL Currypulver

Pro Portion: ca. 251 kcal, 25 g EW, 14 g F, 7 g KH
Zubereitung: ca. 25 Min.

1. Hähnchenbrustfilet in mundgerechte Stücke schneiden. 3 Esslöffel Sesamöl in einen tiefen Teller geben und mit Salz, Pfeffer und 1 Prise Cayennepfeffer verrühren. Hähnchenstücke darin wenden und auf Holzspieße stecken.

2. Eine beschichtete Pfanne erhitzen und Hähnchenspieße darin von allen Seiten ca. 5 Minuten braun braten. Mit flüssigem Honig beträufeln.

3. Erdnussbutter in einen Topf geben. Sojasoße, Zucker, restliches Sesamöl, Currypulver, 1 Prise Salz und 8 Esslöffel Wasser zugeben und Erdnusssoße unter ständigem Rühren zum Kochen bringen. Topf vom Herd nehmen und Hähnchen-Saté mit Erdnusssoße servieren.

Nachos

mit Hackfleisch und Käse

Zutaten für 4 Portionen

1 Zwiebel

2 Knoblauchzehen

450 g Hackfleisch

240 g leicht gesalzene Nachos

180 g Käse (z. B. Cheddar)

außerdem:
2 EL Olivenöl,
1 ½ TL Kreuzkümmel,
1 TL Paprikapulver,
1 Prise Cayennepfeffer,
Salz, 1 rote Chilischote nach Belieben

Pro Portion: ca. 785 kcal, 35 g EW, 57 g F, 32 g KH
Zubereitung: ca. 25 Min.

1. Zwiebel und Knoblauch schälen und fein hacken. Öl in einer großen Pfanne erhitzen. Hackfleisch darin ca. 5 Minuten krümelig braun braten. Zwiebel und Knoblauch zufügen und ca. 2–3 Minuten mitbraten. Mit Kreuzkümmel, Paprikapulver, Cayennepfeffer und Salz abschmecken. Backofen auf Grillstufe vorheizen.

2. Nachos auf einem mit Backpapier belegten Backblech verteilen. Käse reiben und Hälfte davon auf den Nachos verteilen. Hackfleisch darübergeben und mit restlichem Käse bestreuen.

3. Im vorgeheizten Backofen ca. 2 Minuten backen, bis der Käse geschmolzen ist. Nach Belieben Chilischote waschen, halbieren, entkernen und in feine Ringe schneiden. Nachos auf einem Teller anrichten und mit Chiliringen garniert servieren. Dazu passt eine würzige Salsasoße.

Mini-Frittata
mit Erbsen

Zutaten für 6 Stück

100 g Erbsen (TK-Produkt)

6 Eier

75 g Sahne

100 g geriebener Käse (z. B. Bergkäse)

2 TL Senf

außerdem:
Fett für die Form, Salz, frisch gemahlener Pfeffer

Pro Stück: ca. 196 kcal, 13 g EW, 15 g F, 2 g KH
Zubereitung: ca. 10 Min. + Backzeit ca. 12 Min.

1. Backofen auf 200 °C (Umluft: 180 °C) vorheizen. Mulden einer Muffinform einfetten. Erbsen in eine Schüssel geben, mit ausreichend heißem Wasser übergießen und ca. 1 Minute ruhen lassen. In ein Sieb geben und abtropfen lassen.

2. Eier in einer Schüssel verschlagen. Sahne, Käse und Senf zugeben und alles gut verrühren. Mit Salz und Pfeffer würzen.

3. Erbsen gleichmäßig auf die Mulden der Muffinform verteilen und Ei-Sahne-Mischung darübergeben. Im vorgeheizten Backofen ca. 10–12 Minuten goldbraun backen. Herausnehmen und noch heiß servieren.

Käsebällchen

Zutaten für 4 Portionen

250 g geriebener Käse

1 Ei

3 EL Paniermehl

außerdem:
Salz, frisch gemahlener Pfeffer, 1 Msp. Paprikapulver, etwas frisch geriebener Muskat, 1 Tasse Öl, Schnittlauchröllchen zum Garnieren

Pro Portion: ca. 353 kcal, 21 g EW, 25 g F, 10 g KH
Zubereitung: ca. 20 Min.

1. Käse in eine Schüssel geben und mit Ei und Paniermehl zu einem Teig vermischen. Mit Salz, Pfeffer, Paprikapulver und Muskat würzen und alles gut verrühren. Teig zu kleinen Bällchen formen.

2. Öl in einem Topf erhitzen und Käsebällchen darin von allen Seiten goldbraun frittieren. Herausnehmen und auf Küchenpapier abtropfen lassen.

3. Nach Belieben mit Schnittlauchröllchen bestreut servieren. Dazu schmeckt selbst gemachte Mayonnaise oder Tomatensoße.

Zwiebelringe
im Bierteig

Zutaten für 4 Portionen

3 Zwiebeln

200 g Mehl

100 ml Bier

3 Eier

außerdem:
1 TL Salz, Öl zum Frittieren

Pro Portion: ca. 310 kcal, 11 g EW, 11 g F, 40 g KH
Zubereitung: ca. 20 Min.

1. Zwiebeln schälen und in ca. 1 Zentimeter dicke Ringe schneiden. Mehl in eine Schüssel geben und mit Bier, Eiern und Salz zu einem glatten Teig verrühren.

2. Öl in einem Topf auf ca. 180 °C erhitzen. Zum Prüfen der Temperatur einen Kochlöffel aus Holz hineinhalten. Wenn sich daran kleine Bläschen bilden, hat das Öl die richtige Temperatur.

3. Zwiebelringe im Bierteig wenden und vorsichtig ins heiße Öl geben. Ca. 2 Minuten goldbraun frittieren. Herausnehmen und auf Küchenpapier abtropfen lassen. Dazu schmeckt Tomatenketchup.

Zigarren-Börek
mit Feta

Zutaten für 12 Stück

30 g Petersilie

400 g Feta

2 Eier

12 dreieckige Filo- oder Strudelteigblätter (aus dem Kühlregal)

außerdem:
Salz, frisch gemahlener Pfeffer, 3 EL Öl

Pro Stück: ca. 194 kcal, 9 g EW, 11 g F, 16 g KH
Zubereitung: ca. 20 Min.

1. Petersilie waschen, trocken schütteln, Blättchen abzupfen und fein hacken. Feta in eine Schüssel geben und zerbröckeln. Petersilie und Eier zugeben und alles gut vermischen. Mit Salz und Pfeffer abschmecken.

2. Teigblätter mit der Spitze nach oben auf die Arbeitsfläche legen und obere Drittel leicht mit Wasser befeuchten. Jeweils etwas Füllung auf das untere Drittel geben, Seiten einschlagen und von unten nach oben aufrollen.

3. Öl in einer Pfanne erhitzen und Börek darin von allen Seiten ca. 4–5 Minuten goldbraun und knusprig braten. Herausnehmen und auf Küchenpapier abtropfen lassen. Warm oder kalt servieren.

Tomaten-Thunfisch-Wraps

Zutaten für 4 Portionen

1 Dose Thunfisch im eigenen Saft

150 g Frischkäse

125 g Cocktailtomaten

100 g Salatblätter

4 Weizentortillas

außerdem:
2–4 Peperoni und 1 Handvoll Oliven nach Belieben, Salz, frisch gemahlener Pfeffer

Pro Portion: ca. 363 kcal, 19 g EW, 14 g F, 39 g KH
Zubereitung: ca. 20 Min.

1. Thunfisch in einem Sieb abtropfen lassen, in eine Schüssel geben und mit Frischkäse vermischen. Nach Belieben Peperoni und Oliven klein schneiden und untermischen. Mit Salz und Pfeffer abschmecken.

2. Tomaten waschen, halbieren, vom Stielansatz befreien und in Scheiben schneiden. Salatblätter waschen und trocken schleudern.

3. Tortillas nach Packungsanweisung in der Mikrowelle oder in einer Pfanne erwärmen. Jeweils etwas Thunfischfüllung darauf verstreichen und mit Tomatenscheiben und Salat belegen. Unteres Ende einschlagen, Wraps aufrollen und servieren.

Hot Dogs
mit Sauerkraut

Zutaten für 4 Portionen

4 Wiener Würstchen

1 Dose oder 1 Glas Sauerkraut

1–2 Zwiebeln

4 Hotdog-Brötchen

außerdem:
4 EL süßer Senf, 4 EL Ketchup

Pro Portion: ca. 435 kcal, 14 g EW, 25 g F, 37 g KH
Zubereitung: ca. 20 Min. + Backzeit ca. 3 Min.

1. Backofen auf 160 °C vorheizen (Umluft nicht geeignet). Ausreichend Wasser in einem Topf erhitzen, Würstchen hineingeben und ca. 5–10 Minuten erwärmen (nicht kochen!). Vorsichtig mit einer Gabel herausnehmen und in einem Sieb abtropfen lassen.

2. Sauerkraut in einem Sieb abtropfen lassen und mit einer Gabel auflockern. Zwiebeln schälen und grob hacken.

3. Brötchen der Länge nach einschneiden (nicht durchschneiden!) und im vorgeheizten Backofen ca. 3 Minuten erwärmen. Mit Würstchen, Sauerkraut, Zwiebeln, Senf und Ketchup füllen und servieren.

Pizzaschnecken
mit Salami

Zutaten für ca. 10 Stück

1 Pck. Blätterteig (aus dem Kühlregal)

3–4 EL Tomatensoße

50 g Salamischeiben

50 g Käse

außerdem:
Salz, frisch gemahlener Pfeffer,
Petersilienblättchen zum Garnieren

Pro Stück: ca. 157 kcal, 5 g EW, 9 g F, 13 g KH
Zubereitung: ca. 10 Min. + Backzeit ca. 20 Min.

1. Backofen auf 180 °C (Umluft: 160 °C) vorheizen. Blätterteig ausrollen. Tomatensoße in eine Schüssel geben und mit Salz und Pfeffer abschmecken. Salami und Käse in breite Streifen schneiden.

2. Blätterteig mit Tomatensoße bestreichen und Salami- und Käsestreifen darauf verteilen. Von der kurzen Seite her aufrollen und in gleich große Scheiben schneiden.

3. Pizzaschnecken auf ein mit Backpapier belegtes Backblech setzen und im vorgeheizten Backofen ca. 20 Minuten backen. Herausnehmen, mit Petersilie garnieren und sofort servieren.

Knoblauch-Garnelen

Zutaten für 2 Portionen

200 g küchenfertige Garnelen

3 Knoblauchzehen

2 Stängel Petersilie

3 ½ EL Weißwein

außerdem:
4 EL Olivenöl, 1 TL Chiliflocken,
1 unbehandelte Zitrone, Salz

Pro Portion: ca. 262 kcal, 12 g EW, 19 g F, 4 g KH
Zubereitung: ca. 20 Min.

1. Garnelen waschen und trocken tupfen. Knoblauch schälen und fein hacken. Petersilie waschen, trocken schütteln, Blättchen abzupfen und grob hacken. Olivenöl in einer Pfanne erhitzen und Knoblauch darin ca. 1 Minute hell andünsten. Garnelen und Chiliflocken zugeben und bei mittlerer Hitze ca. 3–4 Minuten braten.

2. Weißwein zugießen und alles bei mittlerer Hitze ca. 1–2 Minuten köcheln lassen. Zitrone waschen, trocken tupfen und in Spalten schneiden.

3. Knoblauch-Garnelen auf vorgewärmten Tellern anrichten. Mit Petersilie bestreuen und mit Salz würzen. Zitronenspalten dazu reichen. Dazu schmecken geröstete Baguettescheiben.

Zucchini-Pommes

mit Dip

Zutaten für 2 Portionen

1 große Zucchini

1 Ei

50 g gemahlene Mandeln

30 g geriebener Parmesan

100 g Crème fraîche

außerdem:
Salz, frisch gemahlener Pfeffer, 1 TL Oregano, 1 Prise Paprikapulver, 1 Prise Cayennepfeffer, Schnittlauchröllchen zum Garnieren

Pro Portion: ca. 446 kcal, 20 g EW, 36 g F, 7 g KH

Zubereitung: ca. 15 Min. + Backzeit ca. 15 Min.

1. Backofen auf 200 °C (Umluft: 180 °C) vorheizen. Zucchini waschen, putzen, längs halbieren und in fingerdicke Stifte schneiden.

2. Ei in eine kleine Schüssel geben und mit Salz und Pfeffer verschlagen. Gemahlene Mandeln in eine weitere Schüssel geben und mit geriebenem Parmesan, Oregano, Paprikapulver und Cayennepfeffer vermischen.

3. Zucchinistifte erst im Ei, dann in der Parmesan-Mischung wenden. Panade leicht andrücken. Zucchini-Pommes nebeneinander auf ein mit Backpapier belegtes Backblech legen und im vorgeheizten Backofen ca. 10–15 Minuten goldbraun backen. Herausnehmen und mit 1 Prise Salz würzen.

4. Crème fraîche in einer Schüssel glatt rühren, mit Schnittlauchröllchen bestreuen und als Dip zu den Zucchini-Pommes servieren.

Sushi-Burrito

Zutaten für 2 Portionen

50 g Sushireis

1 Avocado

½ Salatgurke

2 Scheiben Lachsfilet

2 Nori-Blätter

außerdem:
1 Möhre, 1 kleine Tomate und 2 Salatblätter nach Belieben, Salz, 2 EL Mayonnaise, 1 TL Sriracha (scharfe Chilisoße)

Pro Portion: ca. 489 kcal, 13 g EW, 35 g F, 38 g KH

Zubereitung: ca. 30 Min.

1. Reis nach Packungsweisung kochen und etwas abkühlen lassen. Avocado halbieren und entkernen. Fruchtfleisch mit einem Löffel entnehmen und in mundgerechte Stücke schneiden.

2. Gurke waschen und würfeln. Nach Belieben Möhre und Tomate putzen, schälen und würfeln und Salatblätter waschen und trocken schütteln. Lachs in mundgerechte Stücke schneiden.

3. Nori-Blätter auf die Arbeitsfläche oder eine Sushi-Matte legen. Reis jeweils gleichmäßig darauf verteilen. Avocado, Lachs, Gurke, Möhre, Tomate und Salat jeweils darauflegen.

4. Mayonnaise und Sriracha in einer Schüssel verrühren und auf der Füllung verteilen. Nori-Blätter vorsichtig einrollen und leicht andrücken. Dazu passt Sojasoße.

Mais-Tomaten-Quesadilla

Zutaten für 4 Portionen

1 kleine Dose Mais

2 Tomaten

1 Zwiebel

4 Weizentortillas

300 g geriebener Käse (z. B. Gouda)

außerdem:
Salz, frisch gemahlener Pfeffer, Kreuzkümmel

Pro Portion: ca. 524 kcal, 27 g EW, 25 g F, 46 g KH

Zubereitung: ca. 25 Min.

1. Mais in einem Sieb abtropfen lassen. Tomaten waschen, halbieren, vom Stielansatz befreien und würfeln. Zwiebel schälen und fein hacken. Gemüse in eine Schüssel geben, vermischen und mit Salz, Pfeffer und Kreuzkümmel würzen.

2. 1 Tortilla ohne Fett in eine beschichtete Pfanne geben und erwärmen. Die Hälfte der Maismischung und des geriebenen Käses daraufgeben.

3. 1 Tortilla darauflegen, leicht andrücken und ca. 1–2 Minuten erwärmen, bis der Käse schmilzt. Wenden und kurz von der anderen Seite anbraten. Mit den restlichen Zutaten ebenso verfahren. Quesadillas in Viertel schneiden und servieren.

Fixe Hauptgerichte

One Pot Mac 'n' Cheese

Zutaten für 4 Portionen

1 l Milch

400 g Sahne

400 g Makkaroni oder Cavatappi

150 g geriebener Käse (z. B. Gouda, Cheddar oder Gruyère)

außerdem:
1 TL frisch geriebener Muskat, 1 TL Knoblauchpulver, 1 TL Kurkumapulver, Salz, frisch gemahlener Pfeffer

Pro Portion: ca. 944 kcal, 32 g EW, 51 g F, 87 g KH
Zubereitung: ca. 25 Min.

1. Milch und Sahne in einen Topf geben und bei mittlerer Hitze ca. 2 Minuten erwärmen. Nudeln zugeben.

2. Muskat, Knoblauch- und Kurkumapulver zufügen und unterrühren. Alles mit etwas Salz und Pfeffer würzen, aufkochen lassen und so lange bei mittlerer Hitze köcheln lassen, bis die Nudeln bissfest sind. Dabei gelegentlich umrühren.

3. Geriebenen Käse unterrühren und weiterköcheln lassen, bis der Käse geschmolzen ist. Käsemakkaroni nochmals mit Salz und Pfeffer abschmecken und servieren.

Sie können auch verschiedene Käsesorten mischen und die Käsemenge nach Belieben erhöhen.

Kasseler

mit Sauerkraut aus der Mikrowelle

Zutaten für 4 Portionen

1 Apfel

1 kleine rote Zwiebel

250 g Sauerkraut

4 Scheiben Kasseler

außerdem:
1 TL Butterschmalz, 1 Lorbeerblatt,
2–3 Wacholderbeeren

Pro Portion: ca. 198 kcal, 20 g EW, 9 g F, 9 g KH
Zubereitung: ca. 25 Min.

1. Apfel schälen und grob raspeln. Zwiebel schälen und fein hacken. Beides in ein mikrowellengeeignetes Gefäß geben, Butterschmalz zugeben und ca. 1–2 Minuten bei maximaler Leistung in der Mikrowelle dünsten.

2. Sauerkraut, Lorbeerblatt und Wacholderbeeren zufügen und mit Apfel und Zwiebel vermischen. Kasseler auf das Sauerkraut legen und zugedeckt ca. 8–10 Minuten bei maximaler Leistung dünsten.

3. Gefäß aus der Mikrowelle nehmen, ca. 3 Minuten ruhen lassen und auf Tellern angerichtet servieren. Dazu schmeckt Kartoffelpüree.

One-Pot-Asianudeln
mit Gemüse

Zutaten für 1 Portion

1 Bund Koriander

1 Büschel Kresse

125 g Udon-Nudeln

150 g Asia-Gemüse-Mischung (TK-Produkt)

außerdem:
2 TL Misopaste, frisch gemahlener Pfeffer, 1 EL Sesamöl, 1 TL Sesam

Pro Portion: ca. 816 kcal, 21 g EW, 23 g F, 132 g KH
Zubereitung: ca. 15 Min.

1. Koriander und Kresse waschen, trocken schütteln und Blättchen abzupfen. Koriander fein hacken. Nudeln und Gemüse in eine Pfanne geben. Misopaste und 40 Milliliter Wasser unterrühren.

2. Ca. 6–8 Minuten bei mittlerer Hitze kochen, mit Pfeffer und Sesamöl abschmecken, Koriander und Kresse zugeben und mit Sesam bestreut servieren.

Statt den japanischen Udon-Nudeln können Sie auch die südostasiatischen Mie-Nudeln, die nussig schmeckenden Soba-Nudeln oder die fast durchsichtigen Glasnudeln verwenden.

15-Minuten-Chili

Zutaten für 4 Portionen

340 g Rinderhack-fleisch

400 g stückige Tomaten (aus der Dose)

2 Gläser Tomatensoße

300 g Kidneybohnen (aus der Dose)

außerdem:
½ TL Cayennepfeffer, Salz, frisch gemahlener Pfeffer, 1 EL saure Sahne nach Belieben, 5–6 EL gehackte Kräuter zum Garnieren

Pro Portion: ca. 433 kcal, 29 g EW, 22 g F, 32 g KH
Zubereitung: ca. 15 Min.

1. Hackfleisch mit Cayennepfeffer in einer großen beschichteten Pfanne ohne Fettzugabe braun anbraten.

2. Tomaten, Tomatensoße und abgetropfte Kidneybohnen zugeben und bei mittlerer Hitze ca. 5 Minuten kochen.

3. Mit Salz und Pfeffer abschmecken, in Schälchen anrichten und nach Belieben mit saurer Sahne und Kräutern garniert servieren.

Wer sein Chili etwas aufpeppen möchte, gibt einfach noch eine fein gewürfelte rote Chilischote hinzu. Das Chili lässt sich auch gut mit gemahlenem Kreuzkümmel würzen.

Hähnchen
mit Tomatensoße

Zutaten für 4 Portionen

4 Hähnchenbrustfilets

1 Pck. Mozzarella

100 g Schinken
(z. B. Prosciutto)

2 Knoblauchzehen

500 g passierte Tomaten
(aus der Dose)

außerdem:
3 EL Öl, Salz, frisch gemahlener Pfeffer, Kräuter zum Garnieren

Pro Portion: ca. 357 kcal, 42 g EW, 18 g F, 6 g KH
Zubereitung: ca. 30 Min.

1. Hähnchenbrustfilets trocken tupfen und etwas kleiner schneiden. Mozzarella in einem Sieb abtropfen lassen und in Scheiben schneiden. Schinken in dünne Scheiben schneiden. Knoblauch schälen und fein hacken. Hähnchenbrustfilets mit Schinkenscheiben umwickeln.

2. 2 Esslöffel Öl in einer Pfanne erhitzen und Hähnchenbrustfilets darin von allen Seiten ca. 4–5 Minuten braten. Herausnehmen und warm stellen.

3. Restliches Öl in einer Pfanne erhitzen und Knoblauch darin andünsten. Passierte Tomaten zugeben und Soße mit Salz und Pfeffer abschmecken.

4. Hähnchenbrustfilets und Mozzarellascheiben zugeben und alles erwärmen. Nach Belieben mit Kräutern garniert servieren.

Geflügelleber
mit Trauben

Zutaten für 2 Portionen

300 g küchenfertige Geflügelleber (z. B. Hähnchen oder Pute)

1 Schalotte

100 g kernlose grüne und rote Weintrauben

100 ml Marsala

außerdem:
1 ½ EL Butter, Salz, frisch gemahlener Pfeffer,
1 Zweig Thymian zum Garnieren

Pro Portion: ca. 374 kcal, 26 g EW, 25 g F, 13 g KH
Zubereitung: ca. 25 Min.

1. Geflügelleber unter fließendem Wasser abspülen, trocken tupfen und in mundgerechte Stücke schneiden. Schalotte schälen und fein hacken. Weintrauben waschen und je nach Größe halbieren.

2. Butter in einer Pfanne erhitzen und Leber darin bei mittlerer Hitze von allen Seiten ca. 5 Minuten anbraten. Mit Salz und Pfeffer würzen. Herausnehmen und warm stellen.

3. Schalotte in die Pfanne geben und andünsten. Marsala zugießen und einige Minuten einköcheln lassen. Trauben zufügen und darin schwenken. Mit Salz und Pfeffer abschmecken. Leber wieder in die Pfanne geben und kurz erwärmen.

4. Thymian waschen, trocken schütteln und Blättchen fein hacken. Geflügelleber mit Trauben auf Tellern anrichten und mit Thymian garniert servieren. Dazu passt geröstetes Weiß- oder Toastbrot.

Shakshuka
(Spiegeleier in Tomatensoße)

Zutaten für 3 Portionen

2 rote Paprikaschoten

1 Zwiebel

2 EL Tomatenmark

1 Dose stückige Tomaten

3 Eier

außerdem: 2 EL Öl, 1 EL Weißweinessig, Salz, frisch gemahlener Pfeffer, 1 TL Zucker, ½ TL Cayennepfeffer, 2 TL Paprikapulver, gehackte Kräuter zum Garnieren

Pro Portion: ca. 253 kcal, 11 g EW, 15 g F, 18 g KH

Zubereitung: ca. 20 Min. + Backzeit ca. 10 Min.

1. Paprika waschen, putzen und würfeln. Zwiebel schälen und fein hacken. Öl in einer ofenfesten Pfanne erhitzen und Paprika und Zwiebel darin andünsten. Tomatenmark zugeben und anschwitzen. Tomaten mit Saft zugeben und 100 Milliliter Wasser zugießen. Unter Rühren zum Kochen bringen.

2. Backofen auf 175 °C (Umluft: 155 °C) vorheizen. Soße mit Essig, Salz, Pfeffer, Zucker, Cayennepfeffer und Paprikapulver abschmecken. Zugedeckt bei geringer Hitze ca. 10 Minuten köcheln lassen.

3. Deckel abnehmen, Eier aufschlagen und vorsichtig in die Soße gleiten lassen. Pfanne auf den Rost des Backofens stellen und Eier mit Soße im vorgeheizten Backofen ca. 5–10 Minuten backen. Herausnehmen und mit Kräutern garniert servieren.

Spinat-Risotto

Zutaten für 2 Portionen

150 g Risotto-Reis

100 g Rahmspinat (TK-Produkt)

50 g geriebener Parmesan

außerdem:
2 EL Öl, Salz, frisch gemahlener Pfeffer

Pro Portion: ca. 527 kcal, 18 g EW, 23 g F, 62 g KH
Zubereitung: ca. 30 Min.

1. Öl in einem Topf erhitzen und Risotto-Reis darin andünsten. 400 Milliliter Wasser zugießen und bei geringer Hitze ca. 15 Minuten unter ständigem Rühren köcheln lassen.

2. Spinat zugeben und weitere ca. 5–7 Minuten köcheln lassen. Parmesan untermischen und unter Rühren schmelzen lassen. Mit Salz und Pfeffer abschmecken und in Schüsseln portioniert servieren.

Statt Wasser können Sie auch Gemüsebrühe verwenden. Noch würziger wird das Risotto, wenn Sie eine fein gewürfelte Zwiebel und eine gepresste Knoblauchzehe im Öl anbraten, bevor Sie den Reis zugeben.

Gnocchi
mit Sahnesoße

Zutaten für 2 Portionen

400 g Gnocchi

200 g Sahne

150 g Schmelzkäse

außerdem:
Salz, 2 Stängel Basilikum

Pro Portion: ca. 833 kcal, 17 g EW, 53 g F, 70 g KH
Zubereitung: ca. 25 Min.

1. Gnocchi nach Packungsanweisung in einem Topf mit ausreichend Salzwasser garen. In ein Sieb abgießen und abtropfen lassen.

2. Sahne und Schmelzkäse in den Topf geben und Käse bei mittlerer Hitze unter ständigem Rühren schmelzen lassen.

3. Gnocchi zugeben und in der Soße erwärmen. Basilikum waschen, trocken schütteln, Blättchen abzupfen, fein hacken und unterrühren. Gnocchi mit Sahnesoße anrichten und servieren.

Schinken-Käse-Strudel

Zutaten für 4 Portionen

300 g Filo- oder Strudelteig (aus dem Kühlregal)

2 EL Crème fraîche

6 Scheiben Kochschinken

3 Frühlingszwiebeln

10 Scheiben Käse (z. B. Gouda)

außerdem:
1 EL Butter,
1–2 EL Sesam

Pro Portion: ca. 754 kcal, 44 g EW, 44 g F, 46 g KH

Zubereitung: ca. 10 Min. + Backzeit ca. 20 Min.

1. Backofen auf 180 °C (Umluft: 160 °C) vorheizen. Filo- oder Strudelteig auf einem mit Backpapier belegten Backblech ausrollen. Teig mit Crème fraîche bestreichen und mit Schinken belegen, dabei einen ca. 2 Zentimeter breiten Rand lassen.

2. Frühlingszwiebeln waschen, putzen und fein hacken oder in dünne Röllchen schneiden. Frühlingszwiebeln auf dem Schinken verteilen und mit Käsescheiben bedecken. Teig von der langen Seite her aufrollen, offene Seiten einklappen und Naht gut festdrücken.

3. Strudel mit der Nahtseite nach unten legen und Oberfläche mehrmals mit einem scharfen Messer einschneiden. Mit Butter bestreichen und mit Sesam bestreuen. Im vorgeheizten Backofen ca. 20 Minuten goldgelb backen und warm oder kalt servieren.

Mediterrane Fischfilets

Zutaten für 2 Portionen

2 Fischfilets (z. B. Dorsch)

250 g Cocktailtomaten

50 g entsteinte Oliven

1 Zwiebel

außerdem:
1 EL Olivenöl, Salz, frisch gemahlener Pfeffer,
Basilikumblättchen zum Garnieren,
1 unbehandelte Zitrone

Pro Portion: ca. 315 kcal, 42 g EW, 12 g F, 7 g KH
Zubereitung: ca. 25 Min.

1. Fischfilets kalt abspülen und trocken tupfen. Öl in einer Pfanne erhitzen und Fischfilets darin von beiden Seiten je ca. 3 Minuten braten. Mit Salz und Pfeffer würzen und warm stellen.

2. Tomaten waschen, vom Stielansatz befreien und würfeln. Oliven in Scheiben schneiden. Zwiebel schälen und grob hacken. Zwiebel, Tomaten und Oliven in die Pfanne geben und ca. 5 Minuten unter Rühren braten. Mit Salz und Pfeffer abschmecken.

3. Basilikum waschen, trocken schütteln und Blättchen abzupfen. Zitrone waschen, trocken tupfen und in Spalten schneiden. Zwiebeln, Tomaten und Oliven auf vorgewärmte Teller geben, Fisch darauf anrichten, mit Basilikum garnieren und Zitronenspalten dazu reichen. Dazu passt Bulgur.

Steak
mit Spargel

Zutaten für 2 Portionen

1 kg grüner Spargel

2 Rinder- oder Schweinesteaks

außerdem:
Salz, 2 EL Zucker, 4 EL Öl, frisch gemahlener Pfeffer

Pro Portion: ca. 629 kcal, 52 g EW, 36 g F, 24 g KH

Zubereitung: ca. 30 Min.

1. Vom Spargel holzige Enden abschneiden. Spargel waschen und unteres Drittel schälen. In einem Topf ausreichend Salzwasser zum Kochen bringen, Zucker darin auflösen und Spargel darin ca. 10 Minuten garen.

2. Steaks trocken tupfen. Öl in einer Pfanne erhitzen und Steaks darin von allen Seiten ca. 3 Minuten braten. Spargel in ein Sieb abgießen und abtropfen lassen.

3. Steak und Spargel mit Salz und Pfeffer würzen und auf vorgewärmten Tellern anrichten.

Desserts und süßes Gebäck

Himbeer-Cookie-Trifle

Zutaten für 4 Portionen

150 g Himbeeren (frisch oder TK-Produkt)

130 g Double-Chocolate-Cookies

150 g Sahne

300 g Vanillequark

außerdem:
Minze zum Garnieren

Pro Portion: ca. 364 kcal, 9 g EW, 22 g F, 31 g KH

Zubereitung: ca. 15 Min.

1. Frische Himbeeren verlesen, waschen und trocken tupfen. TK-Himbeeren in einem Sieb antauen lassen. Kekse grob zerbröseln. Sahne in eine Schüssel geben und steif schlagen. Quark unterheben.

2. Keksbrösel in vier Gläsern verteilen und abwechselnd Sahnequark und Himbeeren daraufschichten.

3. Minze waschen, trocken schütteln, Blättchen abzupfen und Trifle mit Minze garniert servieren.

Schnelles

Beeren-Sorbet

Zutaten für 4 Portionen

300 g gemischte Beeren (TK-Produkt)

500 g Quark

außerdem:
Zucker nach Geschmack,
1 Schuss Zitronensaft,
frische Beeren zum Garnieren

Pro Portion: ca. 187 kcal, 17 g EW, 7 g F, 18 g KH
Zubereitung: ca. 10 Min.

1. Tiefgekühlte Beeren in einen Standmixer geben. Quark, Zucker und Zitronensaft zugeben und alles fein pürieren.

2. Beeren-Sorbet in Dessertschälchen portionieren und bis zum Servieren in den Gefrierschrank stellen.

3. Frische Beeren waschen und trocken tupfen. Sorbet mit den Beeren garnieren und sofort servieren.

Limettencreme
mit Maracuja

Zutaten für 2 Portionen

1 unbehandelte Limette

60 g Zucker

2 Maracujas

100 g Sahne

200 g Naturjoghurt

außerdem:
Minze zum
Garnieren

Pro Portion: ca. 367 kcal, 6 g EW, 19 g F, 39 g KH
Zubereitung: ca. 25 Min.

1. Limette heiß waschen und trocken tupfen. Ca. 1 Teelöffel Limettenschale fein abreiben. Limette auspressen und ca. 4 Esslöffel Saft in einen kleinen Topf geben. Zucker zufügen und Mischung bei starker Hitze ca. 1 Minute sirupartig einkochen lassen. Vom Herd nehmen, in eine Schüssel geben und Limettenabrieb unterrühren.

2. Maracujas halbieren, Fruchtfleisch herauslösen und klein schneiden. Sahne in einer Schüssel steif schlagen und kurz mit Limettensirup und Joghurt verrühren.

3. Limettencreme in Dessertschalen geben und mit Maracujafruchtfleisch toppen. Minze waschen, trocken schütteln, Blättchen abzupfen und Limettencreme mit Minze garniert servieren.

Nuss-Nugat-Mousse

Zutaten für 4 Portionen

350 g Sahne

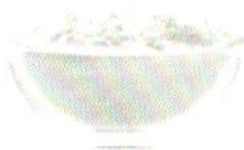

1 Pck. Sahnesteif

150 g Nuss-Nugat-Creme

außerdem:
Himbeeren, Minze und fein gehackte Schokolade zum Garnieren

Pro Portion: ca. 503 kcal, 5 g EW, 39 g F, 32 g KH
Zubereitung: ca. 15 Min.

1. Sahne in einer Schüssel mit Sahnesteif steif schlagen. Nuss-Nugat-Creme zugeben und kurz weiterrühren.

2. Mischung in einen Spritzbeutel mit großer Sterntülle füllen und in vier Dessertschalen oder Gläser spritzen. Bis zum Servieren kalt stellen.

3. Himbeeren waschen und trocken tupfen. Minze waschen und trocken schütteln. Nuss-Nugat-Mousse mit Beeren, Minze und fein gehackter Schokolade garniert servieren.

Mango-Smoothie-Bowl

Zutaten für 1 Portion

1 gefrorene Banane

1 Mango

80 ml Mandelmilch

30 g Haferflocken

außerdem:
1 EL geschroteter Leinsamen nach Belieben,
Toppings (z. B. Blaubeeren, Knuspermüsli,
Kokosraspel) zum Garnieren

Pro Portion: ca. 598 kcal, 13 g EW, 17 g F, 88 g KH
Zubereitung: ca. 15 Min.

1. Banane in ca. 3 Zentimeter lange Stücke schneiden und in einen Standmixer geben. Mango schälen, halbieren und entkernen. Fruchtfleisch würfeln und mit in den Mixer geben.

2. Ca. 40 Milliliter Mandelmilch zugeben und cremig pürieren. Nach und nach restliche Mandelmilch zugeben und bis zur gewünschten Konsistenz pürieren.

3. Haferflocken in eine Schüssel geben und mit Mangopüree auffüllen. Nach Belieben Leinsamen zugeben, mit Toppings nach Wahl bestreuen und servieren.

Erdbeerkaltschale

Zutaten für 4 Portionen

1 kg Erdbeeren

2 Stängel Minze

2 EL Zucker

Saft und abgeriebene Schale von 1 unbehandelten Zitrone

200 g Sahne

Pro Portion: ca. 264 kcal, 4 g EW, 16 g F, 23 g KH

Zubereitung: ca. 20 Min.

1. Erdbeeren waschen, putzen und trocken tupfen. Einige Erdbeeren klein schneiden und zum Garnieren beiseitestellen. Restliche Erdbeeren in einen Standmixer geben. Minze waschen, trocken schütteln und Blättchen abzupfen. Einige Minzeblättchen zum Garnieren beiseitestellen.

2. Restliche Minze, Zucker sowie Zitronensaft und -abrieb mit in den Mixer geben und alles fein pürieren. Erdbeerkaltschale in vier Dessertschälchen füllen und bis zum Servieren kalt stellen.

3. Sahne in einer Schüssel steif schlagen und jeweils einen kleinen Klecks in die Mitte der Erdbeerkaltschalen setzen. Mit beiseitegestellten Erdbeeren und Minzeblättchen garniert servieren.

Schnelle

Quarkkeulchen

Zutaten für 2 Portionen

250 g Quark

1 Ei

3 EL Mehl

1 Pck. Vanillezucker

1 EL Zucker

außerdem:
1 Prise Salz, Rosinen nach Belieben, 2 EL Öl

Pro Portion: ca. 512 kcal, 19 g EW, 32 g F, 41 g KH
Zubereitung: ca. 15 Min.

1. Quark in eine Schüssel geben und mit Ei, Mehl, Vanillezucker, Zucker, Salz und nach Belieben Rosinen verrühren.

2. Öl in einer Pfanne erhitzen, Quarkteig portionsweise mit zwei Esslöffeln hineingeben und etwas flach drücken. Quarkkeulchen von beiden Seiten goldbraun braten. Herausnehmen und auf Küchenpapier abtropfen lassen. Warm oder kalt servieren. Dazu passt Apfelmus oder Zimtzucker.

Apfel-Crumble

Zutaten für 4 Portionen

70 g Haferflocken

60 g Mehl

80 g Zucker

75 g Butter in Flöckchen und etwas Fett für die Formen

4 Äpfel

außerdem:
1 TL Zimt

Pro Portion: ca. 417 kcal, 4 g EW, 18 g F, 60 g KH

Zubereitung: ca. 10 Min. + Backzeit ca. 20 Min.

1. Backofen auf 200 °C (Umluft: 180 °C) vorheizen. Haferflocken in eine Schüssel geben. Mehl, Zucker und Butter in Flöckchen zufügen und alles zu Streuseln verkneten.

2. Äpfel waschen, halbieren, Kerngehäuse entfernen und Fruchtfleisch klein würfeln. Apfelwürfel mit etwas Zimt bestreuen.

3. Vier kleine Formen einfetten, Apfelwürfel auf die Formen verteilen und mit Haferflockenstreuseln bedecken. Im vorgeheizten Backofen ca. 20 Minuten backen und servieren.

Matcha Energy Balls

mit Datteln

Zutaten für ca. 30 Stück

100 g Pistazien

100 g Cashewkerne

18 getrocknete Datteln

8 getrocknete Feigen

6 EL Matchapulver

außerdem:
1 EL Kokosraspel
nach Belieben

Pro Stück: ca. 72 kcal, 2 g EW, 3 g F, 9 g KH
Zubereitung: ca. 20 Min.

1. Von den Pistazien und Cashewkernen jeweils 1–2 Esslöffel abnehmen und grob hacken. Datteln und Feigen in kleine Stücke schneiden und in einen Standmixer geben.

2. Restliche Pistazien, übrige Cashewkerne und Matchapulver zufügen und alles zu einer cremig-festen Masse pürieren.

3. In eine Schüssel geben und gehackte Pistazien, Cashewkerne und nach Belieben Kokosraspel untermischen. Aus der Masse Kugeln mit ca. 2 Zentimeter Durchmesser formen und servieren.

Gut gekühlt in einer luftdicht verschlossenen Frischhaltedose, halten sich die Matcha Energy Balls ca. 1 Woche.

Veganer

Bananen-Mug-Cake

Zutaten für 1 Portion

½ große, sehr reife Banane

3 EL Mehl

¼ TL Backpulver

2 TL brauner Zucker

3 EL Hafermilch

Pro Portion: ca. 286 kcal, 5 g EW, 1 g F, 61 g KH

Zubereitung: ca. 10 Min. + Backzeit ca. 2½ Min.

1. Banane schälen und mit einer Gabel zu Mus zerdrücken. Mus in einer Schüssel mit Mehl, Backpulver, Zucker und Hafermilch glatt rühren.

2. Mischung in eine mikrowellengeeignete Tasse geben und Mug-Cake bei 800 Watt ca. 2½ Minuten in der Mikrowelle backen. Kurz abkühlen lassen und genießen.

Da der Teig beim Backen in der Mikrowellen leicht aufgeht, lieber eine etwas größere Tasse nehmen. Lauwarm schmecken die Mini-Kuchen am besten. Zum Garnieren lassen sich z. B. Walnusskerne verwenden.

Mini-Gugelhupfe

aus der Mikrowelle

Zutaten für 2 Portionen

1 Ei

10 g Butter und etwas Fett für die Form

150 g gemahlene Haselnüsse

50 g Zucker

1 TL Backpulver

außerdem:
Puderzucker nach Belieben

Pro Portion: ca. 723 kcal, 13 g EW, 57 g F, 37 g KH

Zubereitung: ca. 10 Min. + Backzeit ca. 3 Min.

1. Ei und Butter in einer Schüssel mit dem Handrührgerät schaumig rühren. Gemahlene Haselnüsse durch ein Sieb streichen und mit Zucker und Backpulver zur Ei-Butter-Mischung geben. Alles kräftig verrühren.

2. Eine Silikonform für Mini-Gugelhupfe einfetten. Teig einfüllen und ca. 3 Minuten bei 300 Watt in der Mikrowelle backen. Abkühlen lassen, Gugelhupfe aus der Form drücken und nach Belieben mit Puderzucker bestäubt servieren.

Die Gugelhupfe können Sie nach Belieben verfeinern. Streichen Sie z. B. auf die noch warmen Mini-Kuchen etwas Aprikosenmarmelade oder verschönern Sie sie mit einem Schokoguss. Statt Haselnüssen schmecken auch gemahlene Mandeln sehr lecker.

Milchreis

Zutaten 2 Portionen

500 ml Milch

125 g Milchreis

Mark von ½ Vanilleschote

2 EL Zucker

außerdem:
1 Prise Salz, 1–2 EL Zimtzucker

Pro Portion: ca. 507 kcal, 12 g EW, 10 g F, 91 g KH
Zubereitung: ca. 30 Min.

1. Milch in einen Topf geben. Milchreis und zufügen und alles verrühren. Vanillemark unterrühren. Unter Rühren aufkochen lassen.

2. Temperatur verringern und Milchreis zugedeckt bei geringer Hitze ca. 25 Minuten köcheln lassen. Dabei gelegentlich umrühren.

3. Zucker zugeben und unterrühren. Ist der Milchreis zu fest, noch etwas Milch zufügen. Milchreis in Dessertschälchen füllen und mit Zimtzucker bestreut servieren.

Erdnussbutter-Cookies

Zutaten für ca. 12 Stück

100 g Zartbitter-schokolade

1 Ei

170 g Zucker

225 g Erdnussbutter

außerdem: 1 Prise Salz

Pro Stück: ca. 224 kcal, 7 g EW, 12 g F, 20 g KH
Zubereitung: ca. 15 Min. + Backzeit ca. 12 Min.

1. Backofen auf 190 °C (Umluft: 170 °C) vorheizen. Schokolade in Stücke brechen und fein hacken. Ei in eine Schüssel geben und Zucker zufügen. Mit dem Handrührgerät schaumig schlagen. Erdnussbutter, Salz und gehackte Schokolade unterrühren.

2. Backblech mit Backpapier auslegen. Teigmasse zu Kugeln formen und mit etwas Abstand auf das Backblech setzen. Kugeln etwas flach drücken und Kekse im vorgeheizten Backofen ca. 8–12 Minuten backen.

Blaubeer-Mini-Pies

Zutaten für 6 Stück

1 Pck. Blätterteig (aus dem Kühlregal)

75 g Blaubeeren

Zucker nach Belieben

außerdem:
1 Eigelb nach Belieben

Pro Stück: ca. 197 kcal, 3 g EW, 12 g F, 20 g KH
Zubereitung: ca. 15 Min. + Backzeit ca. 10 Min.

1. Blätterteig auftauen lassen. Blaubeeren verlesen, waschen und trocken tupfen. Backofen auf 210 °C (Umluft: 190 °C) vorheizen.

2. Mit einem runden Ausstecher 6 Kreise aus dem Blätterteig ausstechen. Blaubeeren in die Mitte jedes Kreises geben und nach Belieben mit Zucker bestreuen. Teig in der Mitte zusammenklappen und über die Blaubeeren legen. Ränder vorsichtig mit einer Gabel andrücken.

3. Nach Belieben mit Eigelb bestreichen und mit etwas Zucker bestreuen. Mit einem Messer zwei kleine Schlitze in die Teigoberseiten schneiden, damit beim Backen der Dampf entweichen kann.

4. Mini-Pies auf ein mit Backpapier belegtes Backblech setzen und im vorgeheizten Backofen ca. 10 Minuten goldbraun backen. Herausnehmen und noch warm servieren.

Register